Matthias von Bornstädt

Ein Elch zum Knuddeln

Wickie und die starken Männer
Lesen lernen
1. Klasse
ab 6 Jahren

Klett Lerntraining

Bibliografische Information der Deutschen Nationalbibliothek
Die Deutsche Nationalbibliothek verzeichnet diese Publikation in der Deutschen Nationalbibliografie; detaillierte bibliografische Daten sind im Internet über http://dnb.d-nb.de abrufbar.

Dieses Werk folgt der neuesten Rechtschreibung und Zeichensetzung.

Auflage 3 2 1 | 2014 2013 2012
Die letzten Zahlen bezeichnen jeweils die Auflage und das Jahr des letzten Druckes.

www.lesedrachen-club.de
Der Online-Zugang zum Lese-Führerschein ist bis fünf Jahre nach Erscheinen des Buches gewährleistet.
Teamleiterin Lernhilfen Grundschule: Susanne Schulz
Redaktion: Sandra Meyer
Umschlaggestaltung und Layout: Sabine Kaufmann, Stuttgart
Illustrationen: Agentur Christian Ortega, Barcelona
Satz: GreenTomato GmbH, Stuttgart
Druck: G. Canale & C. S.p.A., Turin
Printed in Italy
ISBN 978-3-12-949204-8

Inhalt

Überraschung im Wald

An einem sonnigen Herbstmorgen
sind Wickie und sein Vater
im Wald unterwegs.
Sie wollen Feuerholz holen.

Auf dem Heimweg
hält Wickie plötzlich inne,
denn zwischen den Büschen
lugt etwas hervor.

Wickie und Halvar
sehen gespannt nach.
„Oh! Ein Elch!“,
ruft Wickie überrascht.

„Und was für ein Prachtkerl!“,
staunt Halvar.
Wickie jedoch wundert sich:
„Wieso bewegt er sich nicht?“

Schnell erkennt Wickie,
woran das liegt:
Mit dem Hinterbein des Tieres
scheint etwas nicht zu stimmen.

„Es ist bestimmt verletzt!“,
vermutet Wickie.
Der Elch tut ihm leid.
Er möchte dem Ärmsten helfen.

„Am besten nehmen wir ihn
erst einmal mit in unser Dorf“,
schlägt Halvar kurzerhand vor.
„Dort kümmern wir uns um ihn.“

Gesagt, getan!
Auf ein paar Baumstämmen
geht es – hui! –
im Schlittentempo ab nach Flake.

Ein Elch als Haustier?

Als Wickie und sein Vater
mit dem Elch ins Dorf kommen,
machen die anderen Wikinger
große Augen.

Halvars Frau legt eine Binde
um das verletzte Bein.
Bis es wieder in Ordnung ist,
darf der Elch in Flake bleiben.

Halvar schließt seinen Gast
besonders fest ins Herz.
Er gibt ihm sogar einen Namen:
„Olaf, der Röhrende!“

Halvar behandelt den Elch
wie ein richtiges Haustier!
Und die Wikinger haben
jede Menge Spaß mit Olaf.

An einem grauen Regentag
darf Olaf sogar in die Hütte.
Das ist ein Durcheinander!

Olaf stellt das ganze Haus
auf den Kopf!
Wickies Mutter Ylva
ist gar nicht begeistert.

Als Ylva eines Morgens aufwacht
und Olaf neben sich
im Bett erblickt,
wird es ihr wirklich zu bunt.

„Ein Elch ist kein Haustier!
Er muss wieder in den Wald!“,
verlangt sie energisch.
„Sein Bein ist längst verheilt!“

Davon will Halvar
nun gar nichts hören!
Er möchte Olaf am liebsten
für immer behalten.

Doch das geht natürlich nicht!
Wickie und seine Mutter
stecken die Köpfe zusammen.
Sie brauchen eine gute Idee.

Olaf ist verliebt

Wickie grübelt lange.
Schließlich fällt ihm etwas ein:
„Olaf muss Vater zeigen,
dass er in die Natur gehört.“

Wickie weiß auch schon, wie!
Er überredet seinen Vater,
mit ihm und Olaf
eine Wanderung zu machen.

Als sie mitten im Wald sind,
hält Olaf ganz plötzlich an.
„Was hast du denn, Olaf?“,
fragt Halvar verdutzt.

Doch dann sieht er es auch:
Zwischen zwei schlanken Birken
steht eine hübsche Elchkuh.
Olaf trabt neugierig auf sie zu.

Die zwei mögen sich auf Anhieb!
Darauf hatte Wickie gehofft.
Und auch seinem Vater dämmert:
Olaf wird mit der Elchkuh gehen.

Halvar seufzt zum Abschied:
„Halt die Ohren steif, Olaf!“
Olaf röhrt freundlich zurück.
Dann zieht jeder seines Weges.

Starke Fragen für helle Köpfe

1 **Wann finden Wickie und Halvar den Elch?**

P ☐ im Herbst
B ☐ im Frühling
G ☐ im Sommer

2 **Wie nennt Halvar den Elch?**

L ☐ ein Prachtstück
R ☐ ein Prachtkerl
I ☐ ein Prachtexemplar

3 **Womit bringen Wickie und Halvar den Elch ins Dorf?**

O ☐ mit einem Schlitten
A ☐ mit Hilfe von Baumstämmen
E ☐ mit einem Elch-Taxi

4 **Wer verarztet den Elch?**

N ☐ Wickie
F ☐ Halvar
C ☐ Halvars Frau

5 **Wie lange darf der Elch im Dorf bleiben?**

S ☐ bis zum Frühling
H ☐ bis sein Bein verheilt ist
K ☐ bis er sich verliebt

6 Warum soll der Elch wieder zurück in den Wald?

T ☐ weil ein Elch kein Haustier ist

F ☐ weil Ylva Elche nicht mag

L ☐ weil Halvar keine Zeit mehr für Olaf hat

7 Warum läuft der Elch nicht von selbst wieder fort?

P ☐ weil das Wetter zu schlecht ist

M ☐ weil sein Bein nicht verheilt

K ☐ weil er das Leben in Flake mag

8 Wie sieht Wickies Plan aus?

A ☐ Halvar soll den Elch fortjagen.

E ☐ Der Elch soll freiwillig im Wald bleiben.

I ☐ Olaf bekommt eine eigene Hütte.

9 Warum bleibt Olaf im Wald?

R ☐ weil er verliebt ist

P ☐ weil er Halvar nicht mehr mag

D ☐ weil Wickie ihn dazu zwingt

10 Warum seufzt Halvar zum Abschied?

H ☐ Er ist wütend auf Wickie.

L ☐ Er ist ein bisschen traurig.

K ☐ Ihm ist langweilig.

Lese-Führerschein

Lösungswort

Hast du alle Fragen beantwortet? Dann trage hier die Buchstaben der richtigen Antworten ein.

1	2	3	4	5	6	7	8	9	10
p	r	a	c	h	t	k	e	r	l

Tipp: Das Lösungswort hat etwas mit der Geschichte zu tun!

Gehe jetzt gemeinsam mit deinen Eltern auf **www.lesedrachen-club.de**

So geht's zum Lese-Führerschein

1. Melde dich kostenlos mit einer E-Mail-Adresse und einem Passwort an.

2. Klicke dann auf Start, und wähle auf der Seite dein Buch aus.

3. Gib nun das Lösungswort ein, bestätige die Eingabe mit OK. Schon hast du 100 Punkte auf deinem Punkte-Konto gutgeschrieben!

4. Nun kannst du dich mit den Lese-Übungen, die für dein Buch angezeigt werden, im Lesen richtig fit machen und die noch fehlenden 50 Punkte für deinen Lese-Führerschein sammeln.

5. Hast du alle Fragen richtig beantwortet? Dann wartet dein Lese-Führerschein auf dich!

Viel Erfolg!